Découpage, décopatch®, Serviettentechnik

Mit Servietten sowie décopatch®- und Découpagepapieren können Sie ganz einfach wunderschöne Dekorationen und Praktisches für viele Gelegenheiten zaubern. Die Techniken sind unkompliziert, sodass der Erfolg garantiert ist. Und die Auswahl an Designs ist so riesig, dass für jeden Geschmack etwas Passendes mit dabei ist.

Lassen Sie sich inspirieren und zum Nacharbeiten der Objekte anregen.

Viel Spaß dabei wünscht Ihnen

GRUND-AUSSTATTUNG

Folgende Materialien und Hilfsmittel werden für die meisten der gezeigten Objekte benötigt. In den einzelnen Materiallisten werden sie daher nicht nochmals angeführt.

- kleine, spitze Schere (evtl. spezielle Découpage-oder Silhouetten-Schere)
- Cutter mit Schneide-unterlage
- Pinsel, fein und breit, weich und Borstenpinsel
- Schwamm
- Schaschlikstäbchen
- Wellholz
- Backpapier oder Silikon-unterlage
- Alleskleber, Sekundenkleber, Holzleim
- Schälchen mit kaltem Wasser
- Küchenrolle
- Krepp-Klebeband
- Durchschlagpapier
- dünner Karton
- Bleistift

So wird's gemacht

Gestalten der Untergründe

▸ Vor dem Aufbringen der Motive den Untergrund gestalten. Dieser kann z. B. mit Acrylfarbe bemalt, gebeizt oder lasiert werden.

▸ Für das Verzieren eignen sich besonders Gegenstände aus Pappmaché, Holz, Glas oder Ton. Für einen gleichmäßigen Farbauftrag wird die Farbe am besten mit einem Borstenpinsel aufgetragen. Für feine Details empfiehlt sich ein feiner Pinsel. Für einen ungleichmäßigen Farbauftrag kann Farbe auch mit einem Schwamm aufgetragen werden.

▸ Wird mit Acrylfarbe gearbeitet, ist häufig ein zweimaliger Farbauftrag nötig. Bei dunklen Untergründen den Gegenstand zunächst weiß grundieren. Dann je nach Deckkraft der Farbe ein- bis zweimal überstreichen. Die Farbe vor dem nächsten Farbauftrag gut trocknen lassen.

▸ Um dem Gegenstand ein antikes Aussehen zu geben, wird mit Krakelierlack gearbeitet. Hierzu den Gegenstand zunächst mit Acrylfarbe bemalen und gut trocknen lassen. Anschließend den Krakelierlack mit einem Pinsel auftragen. Hierbei diesen nur in eine Richtung auftragen und ebenfalls trocknen lassen. Nun eine zweite Acrylfarbe mit einem Schwamm auftupfen oder mit einem Pinsel auftragen. Beim Auftragen mit dem Pinsel darauf achten, auch hier nur in eine Richtung zu arbeiten und den Krakelierlack nur einmal zu übermalen, da sonst die Risse nicht mehr sichtbar sind. Trägt man wenig Acrylfarbe auf, entstehen kleinere Risse, bei etwas mehr Acrylfarbe größere Risse.

▸ Sollen Motive auf einem dunklen Hintergrund angebracht werden, die Stelle, auf der das Motiv angebracht werden soll, mit weißer Acrylfarbe grundieren. Dazu das Motiv auf den Untergrund legen und die Umrisse mit Bleistift nachziehen. Dann die Fläche weiß ausmalen. Nachdem die Farbe getrocknet ist, das gewünschte Motiv anbringen.

Serviettentechnik

MATERIAL

- Servietten oder bedruckte Papiertaschentücher
- Serviettenkleber und -lack oder Kerzenmalmedium
- evtl. lufttrocknende oder in der Mikrowelle zu härtende Modelliermasse in Weiß

Grundtechnik

1 Das gewünschte Motiv mit einer Schere möglichst exakt aus der Serviette ausschneiden. Die obere, bedruckte Zellstofflage vorsichtig von den restlichen Schichten lösen.

2 Mit Serviettenkleber den Untergrund flächig einstreichen. Das Serviettenmotiv auf den Untergrund drücken und mit einem breiten, weichen Pinsel Serviettenkleber auf das Motiv auftragen. Hierbei sehr vorsichtig vorgehen, da das Serviettenmotiv sehr dünn ist und leicht reißen kann. Immer von der Mitte nach außen hin arbeiten und dabei Falten glatt streichen!

Tipp: Bei manchen Motiven wirkt es auch schön, wenn Sie die Motive nicht exakt ausschneiden, sondern ausreißen.

3D-Technik

1 Verblüffende 3D-Effekte lassen sich mit leichter, lufttrocknender Modelliermasse oder mit Modelliermasse, die in der Mikrowelle gehärtet wird, gestalten. Hierzu die Modelliermasse mit dem Wellholz auf Backpapier oder einer Silikonunterlage ca. 2 mm stark ausrollen und mit Serviettenkleber einstreichen. Masse für die Mikrowelle gemäß Vorlage zuschneiden und laut Herstellerhinweisen härten.

2 Das Serviettenmotiv auf die Modelliermasse legen und mit dem Pinsel vorsichtig Serviettenkleber darüber streichen. Ist dieser etwas angetrocknet, die überstehenden Ränder der lufttrocknenden Modelliermasse mit der Schere abschneiden. Solange die Masse noch feucht ist, ist es möglich, sie etwas zur Motivmitte hin zu drücken, so dass die weißen Ränder nicht mehr zu sehen sind. Ist sie bereits getrocknet, oder bei Motiven aus mikrowellengehärteter Masse, können die Ränder mit einem dünnen Pinsel und entsprechender Acrylfarbe bemalt werden.

3 Die noch feuchte Modelliermasse mit dem Serviettenmotiv mit Serviettenkleber auf dem Untergrund anbringen. Mikrowellengehärtete Masse mit Alles- oder Sekundenkleber befestigen.

Kerzengestaltung

1 Auf hellen Kerzen kommen Serviettenmotive besonders gut zur Geltung. Die Stelle, auf der das Motiv angebracht werden soll, mit Kerzenmalmedium grundieren. Anschließend das wie links beschrieben vorbereitete Motiv auf die Kerze legen und vorsichtig festdrücken. Mit dem Kerzenmalmedium nochmals vorsichtig von der Mitte nach außen hin überstreichen und gut trocknen lassen.

2 Für 3D-Effekte das Motiv mit Kerzenmalmedium auf einer weißen Wachsplatte anbringen und

nach dem Trocknen entlang der äußeren Konturen ausschneiden. Anschließend das Motiv auf die Kerze auflegen und gut andrücken.

Découpage

MATERIAL
- Découpagepapier
- Découpagekleber
- Découpagelack (matt oder glänzend)

Grundtechnik

1 Die Motive aus dem Découpagepapier möglichst exakt ausschneiden und kurz in kaltes Wasser legen (große Motive auf der Rückseite mit Wasser einstreichen). Anschließend aus dem Wasser nehmen und auf ein saugfähiges Papiertuch, z. B. Küchenrolle legen. So wird verhindert, dass zu viel Wasser auf den Untergrund gelangt.

2 Mit einem weichen Pinsel den Kleber auf den vorbereiteten Untergrund streichen. Nun das Motiv auflegen. Von innen nach außen hin mithilfe eines Pinsels glatt streichen und eventuelle Luftblasen und Falten ausstreichen. Dann eine Schicht Kleber darüber anbringen. Besonders darauf achten, dass die Ränder der Motive gut kleben. Ist alles gut getrocknet, den Lack auftragen. Dadurch wirkt das Motiv wie Porzellan und ist gut geschützt.

Hinweise: Durch das Wässern werden die Motive elastisch und passen sich dem Untergrund besser an. Für kleine, flache Flächen ist das Wässern nicht unbedingt nötig.

Bei einigen Motiven wirkt es schön, wenn Sie sie nicht exakt ausschneiden, sondern ausreißen.

Der Lack kann in mehreren, dünnen Schichten aufgetragen werden. Dabei aber die zuvor aufgetragene Schicht gut trocknen lassen.

3D-Technik

Wie bei der Serviettentechnik auf Seite 3 beschrieben, können auch mit Découpagepapieren 3D-Effekte erzielt werden.

Anbringen unter Glastellern

1 Das Motiv ausschneiden, wässern und dann auf Küchenpapier legen. Den Glasteller von der Unterseite gut reinigen. Découpagekleber auf der Unterseite auftragen, das ausgeschnittene Motiv mit der bedruckten Seite nach unten auf den Glasteller legen und über dem Motiv nochmals Décou-

pagekleber anbringen. Von innen nach außen arbeiten und alle Bläschen mit dem Pinsel ausstreichen. Dreht man den Teller, kann man von der Vorderseite gut kontrollieren, ob sich noch Bläschen unter dem Motiv befinden.

2 Ist alles gut getrocknet, den Teller von der Unterseite mit Acrylfarbe bemalen. Diese entweder mit einem Schwamm auftupfen oder mit dem Pinsel auftragen. Ist alles getrocknet, lackieren.

décopatch®

MATERIAL

- décopatch®-Papier
- décopatch®-Kleber und -Lack

1 Dekorieren mit décopatch® ist besonders einfach, da das dünne Papier sehr stabil ist und sowohl klein- als auch sehr großflächig angebracht werden kann. Ein Vorteil ist auch, dass Gegenstände vollständig beklebt werden können.

2 Den Untergrund auf jeden Fall weiß grundieren, damit die Farben leuchten.

3 Das Papier in entsprechend dem zu dekorierenden Gegenstand große Stücke reißen. Den Untergrund flächig mit décopatch®-Kleber bestreichen. Das in Stücke gerissene Papier so anbringen, dass der Untergrund nicht mehr zu sehen ist. Es kann sich etwas überlappen. Über das Papier nochmals mit einem weichen Pinsel Kleber streichen. Nach dem Trocknen mit décopatch®-Lack lackieren.

Übertragen von Vorlagen

1 Sollen Vorlagen direkt auf Gegenstände über tragen werden, Durchschlagpapier auf den Gegenstand legen, darüber die Vorlage legen und die Linien mit einem Bleistift nachziehen.

2 Werden Motive aus Modelliermasse gearbeitet, die Vorlage mithilfe von Durchschlagpapier auf dünnen Karton übertragen. Diesen entlang der Konturen ausschneiden, auf die ausgewellte Modelliermasse legen und diese mit einem Cutter ausschneiden.

Vive la France

→ **Grüße aus der Provence**

MATERIAL TABLETT

- ovales Tablett aus MDF, 30 cm x 44 cm
- 2 Servietten mit französischen Motiven
- Acrylfarbe in Olivgrün und Elfenbein
- lufttrocknende Modelliermasse in Weiß
- Serviettenkleber und -lack
- Krakelierlack

SCHALE

- Schale aus MDF, ø 29 cm
- 2 Servietten mit französischen Motiven
- Acrylfarbe in Elfenbein, Ocker und Olivgrün
- Serviettenkleber und -lack

VORLAGENBOGEN A

Tablett

1 Die innere Fläche des Tabletts in Elfenbein, den Rand grün streichen. Auf dem Rand Krakelierlack auftragen. Nachdem dieser getrocknet ist, den Rand in Elfenbein streichen.

2 Das Serviettenmotiv passend zuschneiden und auf der Mitte anbringen. Einige Motive, wie z. B. Camembert, Knoblauch und verschiedene Blätter nochmals ausschneiden. Die Modelliermasse 5 mm stark ausrollen und die Motive darauf anbringen. Seitlich auf dem Tablett gemäß Abbildung platzieren. Die Ränder der Motive andrücken. Das Tablett mit Lack überziehen.

Schale

1 Die Schale innen in Elfenbein, die Außenseite und den oberen Rand in Grün bemalen. Nachdem alles getrocknet ist, die Serviettenmotive gemäß Vorlage ausschneiden und anbringen.

2 Einige Felder auf der Innenseite bemalen, dazu an der Vorlage orientieren. Auf den bemalten Feldern zusätzlich einige ausgeschnittene Motive anbringen. Die Schale innen und außen lackieren.

MATERIAL
FROSCH

- Frosch aus Styropor, 13 cm hoch
- Styroporkugel, ø 6 cm
- 1 Bogen décopatch®-Papier mit Armymuster
- Streuglitzer in Gold
- Decor Glitterkleber
- Acrylfarbe in Gold
- Modelliermasse in Weiß (Mikrowellenhärtung)
- décopatch®-Kleber und -Lack

SCHMUCKKÄSTCHEN

- herzförmige Schmuckdose, 22 cm x 11 cm
- Herz aus Pappmaché, 9,5 cm x 7,5 cm x 2 cm
- Herz aus Pappmaché, 8 cm x 5,5 cm x 1 cm
- 1 Bogen décopatch®-Papier mit Armymuster
- Acrylfarbe in Rosa und Weiß
- décopatch®-Kleber und -Lack
- Glitzer in Gold
- Decor Glitterkleber

SCHRÄNKCHEN

- Holzschränkchen mit vier Schubladen, 14 cm x 15 cm x 30 cm
- 1 Bogen décopatch®-Papier mit Armymuster
- décopatch®-Kleber und -Lack
- Modelliermasse in Weiß (Mikrowellenhärtung)
- Acrylfarbe in Weiß, Rosa und Gold

VORLAGENBOGEN A

Im Army-Look

→ witzig für Teens

Frosch

1 Das Papier in 3 cm x 3 cm große Stücke reißen. Auf den Frosch décopatch®-Kleber streichen und das Papier anbringen. Nochmals mit Kleber überstreichen und gut trocknen lassen.

2 Die Styroporkugel in Gold bemalen. Das Muster mit Decor Glitterkleber aufmalen, den Glitzer aufstreuen. Dabei zunächst nur eine Hälfte bemalen, gut trocknen lassen, anschließend die zweite Hälfte malen. Die Kugel mit Sekundenkleber gemäß Abbildung am Frosch befestigen.

3 Für die Krone eine Rolle Modelliermasse (ø 2 cm) 2 cm lang ausrollen, dabei zu einem Ende hin etwas dünner rollen. Aus dem anderen Ende mit einer kleinen Schere fünf Zacken (ca. 5 mm lang) schneiden, zur Mitte der Krone eindrücken. In der Mikrowelle gemäß Herstellerangaben härten. Nach dem Auskühlen bemalen und auf dem Kopf des Frosches festkleben. Alles mit décopatch®-Lack lackieren.

Schmuckkästchen

1 Den Deckel der Dose weiß, den Rest rosa bemalen. Das Papier in 4 cm x 4 cm große Stücke reißen und auf die Oberseite der Dose kleben. Die Herzen rosa grundieren und trocknen lassen.

2 Mit Decor Glitterkleber das Muster aufmalen und mit dem Glitzer bestreuen. Nach dem Trocknen mit Alleskleber auf der Dose befestigen. Alles mit décopatch®-Lack lackieren.

WEITERFÜHRUNG

Im Army-Look

Schränkchen

1 Die Vorderseiten der Schubladen in Weiß, den Rest des Schränkchens rosa bemalen. Das Papier in 3 cm x 3 cm große Stücke reißen und auf die Vorderseiten der Schubladen kleben.

2 Die Modelliermasse ca. 5 mm stark ausrollen und vier Kronen gemäß Vorlage mit dem Cutter ausschneiden. Laut Herstellerangaben in der Mikrowelle härten. Nach dem Auskühlen gold bemalen und mit Alleskleber mittig auf die Schubladen kleben. Alles mit décopatch®-Lack überziehen.

Romantischer Sitzplatz

→ ideal in der Garderobe

MATERIAL STUHL

- Holzstuhl in Honigfarbe, 98 cm hoch
- 8 Bogen décopatch®-Papier mit Rosenmotiv
- Acrylfarbe in Weiß
- décopatch®-Kleber und -Lack
- lufttrocknende Modelliermasse in Weiß

KLEIDERBÜGEL

- Holzkleiderbügel, 44 cm x 6 cm
- 1 Bogen décopatch®-Papier mit Rosenmotiv
- Acrylfarbe in Weiß
- décopatch®-Kleber und -Lack

Stuhl

1 Alle zu dekorierenden Flächen weiß grundieren. Das décopatch®-Papier in 5 cm x 5 cm große Stücke reißen und gemäß Abbildung auf dem Stuhl anbringen.

2 Sechs einzelne Rosenmotive ausschneiden. Die Modelliermasse 5 mm stark ausrollen und die Rosen darauf anbringen. Ausschneiden und mit Décopatch®-Kleber auf der Stuhllehne anbringen. Zum Schluss lackieren.

Kleiderbügel

Den Bügel weiß grundieren. Das décopatch®-Papier in 3 cm x 3 cm große Stücke reißen und den Kleiderbügel damit umkleben. Ist alles getrocknet, lackieren.

Zauberhafte Deko

→ romantisch

MATERIAL
LAMPE

- eckiger Lampenschirm, 16 cm x 16 cm, nach oben zulaufend, 16 cm hoch
- runder Lampenfuß mit Ausschnitt, ø 20 cm
- 6 verschiedene Servietten in Rosa (Rosen, kariert, Ranken, Schmetterlinge, verschiedene Muster)
- Acrylfarbe in Rosa
- Serviettenkleber und -lack

TEELICHTHALTER

- je 1 Teelichthalter aus Pappmaché, ø 6 cm, 12 cm und 15 cm hoch
- je 1 Serviette mit Rosen in Rosa und in Rosa/Weiß kariert
- Acrylfarbe in Elfenbein und Olivgrün
- lufttrocknende Modelliermasse in Weiß
- Serviettenkleber und -lack
- 2 Teelichter

SCHMUCKDOSE

- ovale Schmuckdose mit Innenspiegel aus Pappmaché, 11 cm x 8 cm
- Serviette in Rosa/Weiß kariert und mit Gänseblümchen
- Acrylfarbe in Weiß und Rosa
- lufttrocknende Modelliermasse in Weiß
- Serviettenkleber und -lack

VORLAGENBOGEN B

Lampe

Den Lampenfuß mit Acrylfarbe in Rosa grundieren. Einige Schmetterlingsmotive ausschneiden und mit Serviettenkleber auf dem Lampenfuß anbringen. Für den Lampenschirm die Servietten gemäß Vorlage exakt ausschneiden und anbringen. Nach dem Trocknen alles lackieren.

Tipp: Für einen solchen Lampenschirm können Sie auch gut Serviettenreste verarbeiten. Sie sollten allerdings alle in einem Farbton gehalten sein.

Teelichthalter

1 Die Teelichthalter in Elfenbein grundieren und am oberen Rand einen 5 mm breiten, grünen Streifen gemäß Abbildung malen. Von der karierten Serviette ein 7 cm und 8 cm breites Stück abreißen und an den unteren Hälften der Teelichthalter anbringen. Die Rosen ausschneiden und anbringen.

2 Die Modelliermasse 6 mm stark ausrollen und einige Rosenblüten mit Serviettenkleber darauf kleben. Ausschneiden und mit Serviettenkleber auf den Teelichthaltern befestigen. Mit einem Schaschlikstäbchen die Modelliermasse vorsichtig entsprechend dem Verlauf der Rosenblätter formen. Mit Serviettenlack überziehen.

Schmuckdose

1 Die Dose seitlich innen und außen weiß, den Deckel rosa streichen. Seitlich und innen mit Serviettenkleber die karierte Serviette anbringen.

2 Auf dem Deckel einige Gänseblümchen gemäß Abbildung anbringen. Ein Gänseblümchen mit Stiel ausschneiden, Blüte und Blätter mit etwas Modelliermasse unterlegen und mit Serviettenkleber gemäß Abbildung ankleben. Die Dose mit Lack überziehen.

WEITERFÜHRUNG

Zauberhafte Deko

VASE

- ovale Glasvase in Weiß, 6 cm x 10 cm, 10 cm hoch
- Serviette in Rosa/Weiß kariert
- Serviette mit Gänseblümchen
- Papierdraht in Natur, ø 2 mm, 70 cm lang
- lufttrocknende Modelliermasse
- Serviettenkleber und -lack

TEELICHTHALTER

- je 1 Teelichthalter aus Pappmaché, ø 6 cm, 6 cm und 9 cm hoch
- Serviette mit Rosen in Rosa
- Acrylfarbe in Elfenbein, Rosa und Olivgrün
- lufttrocknende Modelliermasse
- 2 Teelichter
- Serviettenkleber und -lack

TABLETT

- Holztablett in Blumenform, ø 22 cm
- 5 verschiedene Serviettenmotive in Rosa (Schmetterling, kariert, Rosen, Ranken und Muster
- Acrylfarbe in Rosa
- Modelliermasse in Weiß (Mikrowellenhärtung)
- Serviettenkleber und -lack

VORLAGENBOGEN B

Vase

1 Von der karierten Serviette 5 cm abreißen und mit Serviettenkleber auf der unteren Hälfte der Vase befestigen. Einen 5 mm breiten, rosa Streifen abschneiden und um den oberen Rand kleben. Einige Gänseblümchen auf der Vorder- und Rückseite der Vase anbringen.

2 Die Modelliermasse 1 mm stark ausrollen. Einige Blüten und Blätter mit Serviettenkleber auf der Masse befestigen, ausschneiden und auf der Vase anbringen. Die Stiele ohne Modelliermasse direkt auf der Vase anbringen. Die Vase lackieren. Den Papierdraht zweimal um die Vase schlingen und verknoten. Die Enden um einen Stift drehen.

Teelichthalter

1 Die Teelichthalter mit Elfenbein grundieren und trocknen lassen. Anschließend komplett rosa bemalen. Nach dem Trocknen in unregelmäßigen Abständen senkrechte Streifen in Elfenbein und Oliv malen.

2 Die Rosenmotive mit Blättern ausschneiden und auf 1 mm stark ausgerollter Modelliermasse anbringen. Die Teelichthalter mit Serviettenkleber einstreichen und die Motive darauf befestigen, anschließend nochmals überstreichen. Mit der Seite eines Schaschlikstäbchens vorsichtig in die Rosen einige Rillen, entsprechend dem Blütenblätterverlauf, eindrücken. Gut trocknen lassen, dann lackieren.

Tablett

1 Das Tablett rosa grundieren. Die Modelliermasse 2 mm stark ausrollen und die Einzelteile gemäß Vorlage mit dem Cutter exakt ausschneiden.

2 Die Modelliermasse in der Mikrowelle gemäß Herstellerhinweisen härten. Nach dem Auskühlen die Servietten auf den Einzelteilen anbringen. Nach dem Trocknen alles mit Sekundenkleber auf dem Tablett fixieren.

Callas

→ elegant

MATERIAL
TELLER

- Holzteller, ø 45,5 cm
- 1 Bogen découpage®-Papier mit Callas
- découpage®-Kleber und -Lack

LAMPE

- Lampenfuß, ø 15 cm, 29 cm hoch
- Lamenschirm, ø 35 cm, 18 cm hoch
- 1 Bogen découpage®-Papier mit Blumen in Weiß
- découpage®-Kleber und -Lack
- Acrylfarbe in Vanille

Teller

Das Motiv ausschneiden, kurz in Wasser legen und gemäß Abbildung auf den Teller kleben. Nach dem Trocknen mit Lack überziehen.

Lampe

1 Das Papier für den Lampenschirm in 3 cm x 3 cm große Stücke reißen, dann auf die Außenseite des Lampenschirmes kleben. Die überstehenden Enden ca. 1 cm vom Rand entfernt abschneiden, das Papier nochmals einstreichen und die Enden nach innen umkleben.

2 Den Lampenfuß in Vanille bemalen. Einige Motive ausschneiden und aufkleben. Nach dem Trocknen alles mit Lack überziehen.

Lavendelblüten

→ für Sommerabende

MATERIAL

TABLETT

- Holztablett mit geschwungenem Rand, 30 cm x 20 cm
- Serviette mit Lavendellandschaft und Serviette mit Lavendelblüten
- Acrylfarbe in Elfenbein, Lila und Olivgrün
- Serviettenkleber und -lack
- lufttrocknende Modelliermasse in Weiß

KRUG MIT KERZE

- Tonkrug mit Öffnung in Weiß, ø 10 cm, 14,5 cm hoch
- Serviette mit Lavendelblüten
- lufttrocknende Modelliermasse in Weiß
- Serviettenkleber und -lack
- fliederfarbenes Teelicht

KRUG

- Tonkrug in Weiß, ø 11 cm, 16 cm hoch
- Serviette mit Lavendelstrauß
- Acrylfarbe in Olivgrün und Lila

Tablett

1 Das Tablett in Elfenbein grundieren. Ca. 5 mm vom Rand entfernt einen 1,5 cm breiten Rand in Lila malen und trocknen lassen. Anschließend einen 6 mm breiten Rand in Olivgrün malen. Die Landschaft zuschneiden (18,5 cm x 9,5 cm) und so in das Tablett kleben, dass auf allen Seiten ein gleichmäßiger elfenbeinfarbener Rand bleibt.

2 Die Lavendelblüten ausschneiden. Aus Modelliermasse eine sehr dünne Rolle (ø ca. 2 mm) formen, in der Länge der Lavendelblüten zuschneiden und mit Serviettenkleber hinter den Blüten befestigen. Anschließend die Blüten am Rand anbringen. Nach dem Trocknen das Tablett mit Lack überziehen.

Krug mit Kerze

Fünf Lavendelblüten ausschneiden. Diese wie oben beschrieben mit Modelliermasse hinterlegen und mit Serviettenkleber auf dem Krug befestigen. Nach dem Trocknen lackieren.

Krug

1 Auf die Vorderseite mittig einen olivfarbenen Rand (7,5 cm x 11 cm, 5 mm breit) malen und innen einen 3 mm breiten, lila Rand anschließen.

2 Das Serviettenmotiv zuschneiden (5,5 cm x 9 cm) und mit Serviettenkleber so anbringen, dass außen ein gleichmäßiger weißer Rand bleibt. Mit Serviettenlack überstreichen.

Stiefmütterchen

→ bezaubernde Geschenkidee

MATERIAL

DOSE

- Pappmachédose in Blumenform mit rundem Deckelausschnitt, ø14 cm, 5 cm hoch
- Serviette in Bunt kariert und Serviette mit Stiefmütterchen
- Papiertaschentuch mit Stiefmütterchen
- Acrylfarbe in Elfenbein
- lufttrocknende Modelliermasse in Weiß
- Serviettenlack und -kleber

KERZEN

- Kerze in Creme, ø 7 cm, 7 cm und 18 cm hoch
- Wachsplatte in Creme, 3 mm stark
- Serviette in Bunt kariert und Serviette mit Stiefmütterchen
- Bast in Natur, 70 cm lang
- Kerzenmalmedium

Dose

1 Die Dose innen und außen in Elfenbein grundieren und trocknen lassen. Auf der inneren Ausschnittplatte die Stiefmütterchenserviette anbringen. Den Deckel der Dose mit den Motiven des Papiertaschentuches, den unteren Teil der Dose mit der karierten Serviette gestalten.

2 Einige Stiefmütterchen (Motive entsprechen der Ausschnittplatte) nochmals ausschneiden. Die Modelliermasse 2 mm stark ausrollen, die Motive mit Serviettenkleber auf der Masse anbringen und ausschneiden. Auf der Ausschnittplatte die gleichen Motive mit Serviettenkleber deckungsgleich anbringen und die Ränder gut festdrücken. Nachdem alles getrocknet ist, mit Lack überziehen.

Kerzen

1 Für die hohe Kerze die karierte Serviette zuschneiden (8 cm x 23 cm) und mit Kerzenmalmedium um die untere Hälfte der Kerze kleben.

2 Für beide Kerzen Stiefmütterchen ausschneiden und mit dem Medium auf der Wachsplatte anbringen. Nach dem Trocknen mit dem Cutter ausschneiden. Die Kerze mit dem Medium bestreichen und die Motive fest andrücken. Den Bast um die Kerze binden.

Für den Ostertisch

→ fröhlich bunt

MATERIAL

- Halbei aus Ton, 11 cm x 15,5 cm, 7,5 cm hoch
- Halbei aus Ton, 9 cm x 12,5 cm, 7 cm hoch
- 2 Servietten in Bunt kariert
- 3 Papiertaschentücher mit Stiefmütterchen
- Acrylfarbe in Weiß
- Serviettenkleber und -lack

BLUMENTOPF

- Tontopf, 17 cm x 10 cm, 10,5 cm hoch
- Serviette in Bunt kariert
- 2 Papiertaschentücher mit Stiefmütterchen
- Acrylfarbe in Weiß
- Serviettenkleber und -lack
- Bast in Natur, 1 m lang

1 Die Eier innen und außen weiß grundieren und trocknen lassen.

2 Die Serviette in ca. 2 cm breite Streifen, die Taschentücher in 3 cm x 3 cm große Stücke schneiden. Die karierten Streifen seitlich senkrecht anbringen. Die überstehenden Reste unten am Boden abschneiden, am oberen Rand festkleben. Die Ostereier innen mit den Blumenmotiven bekleben. Nach dem Trocknen mit Lack überziehen.

Blumentopf

1 Den Topf innen und außen weiß grundieren und trocknen lassen.

2 Für den Rand die karierte Serviette in 2 cm breite Streifen schneiden und den Rand damit bis auf die Innenseite des Topfes bekleben. Den restlichen Topf außen mit dem Stiefmütterchenmotiv bekleben. Nach dem Trocknen alles mit Lack überziehen. Den Bast unter dem Rand festbinden und die Enden zu einer Schleife binden.

Praktische Helfer

→ ganz prunkvoll

MATERIAL DOSE

- Dose aus Pappmaché, ø 12 cm, 6 cm hoch
- 1 Bogen Découpagepapier mit Engeln
- Serviette in Gold mit Muster
- Acrylfarbe in Weiß
- Serviettenkleber
- Découpagekleber und -lack
- Kordel in Gold, ø 5 mm, 60 cm lang

BOX FÜR KOSMETIKTÜCHER

- Box für Kosmetiktücher aus Pappmaché, 23,5 cm x 12,5 cm
- 2 Servietten in Gold mit Muster
- Acrylfarbe in Gold und Weiß
- Serviettenkleber und -lack
- Modellliermasse in Weiß (Mikrowellenhärtung)

Dose

1 Die Dose weiß grundieren. Das Découpage-Motiv ausschneiden und mit Kleber auf dem Deckel anbringen. Seitlich am Deckel und an den Seitenwänden der Dose das Serviettenmotiv aufkleben.

2 Nach dem Trocknen die Dose komplett mit Découpagekleber lackieren. Die Kordel um den Deckel knoten.

Box für Kosmetiktücher

1 Die Box weiß grundieren und trocknen lassen. Die Serviette um die Box kleben. Den Innenausschnitt mit dem Cutter aufschneiden, die überstehenden Ränder nach innen drücken und dort ankleben.

WEITERFÜHRUNG

Praktische Helfer

2 Aus Modelliermasse ca. 3 cm x 2 cm große ovale Stücke formen und von innen nach außen zu einer Rose formen. Hierbei das innere Oval einrollen, die äußeren Stücke immer wieder um die Blütenmitte biegen. Die Blütenblätter etwas nach außen biegen. In der Mikrowelle gemäß Herstellerangaben härten.

3 Anschließend mit goldener Acrylfarbe bemalen und nach dem Trocknen gemäß Abbildung auf die Box kleben. Alles mit Lack überziehen.

Leckere Früchte

→ wie gemalt

MATERIAL TELLER
- Tonteller, ø 43 cm
- 1 Bogen Découpagepapier mit Früchten
- Acrylfarbe in Grau und Elfenbein
- Découpagekleber und -lack

ÜBERTOPF
- Tontopf, ø 30 cm, 25 cm hoch
- Acrylfarbe in Elfenbein und Grau
- 1 Bogen Découpagepapier mit Zitronen
- Découpagekleber und -lack

1 Die Motive ausschneiden.

2 Auf die Stellen, an denen die Motive angebracht werden sollen, mit einem Schwamm Elfenbein und Grau auftragen und etwas verwischen. Die Motive mit Découpagekleber anbringen.

3 Ist alles getrocknet, den Teller bzw. Übertopf lackieren.

Nostalgie

→ ungewöhnlicher Effekt

MATERIAL TELLER

- Glasteller, farblos, ø 24 cm
- 1 Bogen Découpagepapier mit Rosen und Frauen
- Acrylfarbe in Elfenbein, Braun, Gold und Schwarz
- Découpagekleber und -lack

VASE

- Glasvase in Schwarz, ø 14 cm, 13 cm hoch
- 1 Bogen Découpagepapier mit Rosen und Frauen
- Acrylfarbe in Elfenbein, Gold und Braun
- lufttrocknende Modelliermasse in Weiß
- Découpagekleber und -lack

Teller

1 Die Motive gemäß Abbildung als Rechtecke bzw. Einzelmotive ausschneiden. Den Glasteller von der Unterseite reinigen. Découpagekleber auf die obere Seite der Motive auftragen und die Motive so auf die Unterseite des Tellers drücken, dass man die Vorderseite von oben sehen kann. Nochmals von der Rückseite Découpagekleber über die angebrachten Motive streichen und trocknen lassen.

2 Mit dem Schwamm Acrylfarbe in Elfenbein hinter die Motive und über den Rand hinaus tupfen, ebenso etwas Braun und Gold um die Motive herum anbringen. Ist alles gut getrocknet, den Hintergrund in Schwarz bemalen. Zum Schluss lackieren.

Vase

1 Motive gemäß Abbildung als Rechtecke bzw. Einzelmotive ausschneiden. Die Rosenblüte auf 2 mm stark ausgewellter Modelliermasse anbringen und dann ausschneiden.

2 Auf alle Stellen, auf denen Motive angebracht werden sollen, mit dem Schwamm elfenbeinfarbene Acryfarbe tupfen. Die Motive mit Découpagekleber anbringen, zusätzlich nochmals um die Motive Gold bzw. Braun auftupfen. Motive und Acrylfarbe mit Lack überziehen.

Milano 7-8-1903

Rosen über Rosen

→ für romantische Abende

MATERIAL VASE
- quadratische Vase aus Ton, 5,5 cm x 5,5 cm, 23,5 cm hoch
- 2 Papiertaschentücher mit Rosen
- Acrylfarbe in Rotviolett und Elfenbein
- Modelliermasse in Weiß (Mikrowellenhärtung)
- Windowcolor-Konturenfarbe in Gold
- Serviettenkleber und -lack

KERZE
- Kerze in Weiß, ø 7 cm, 12 cm hoch
- Papiertaschentuch mit Rosen
- Bast in Natur, 80 cm lang
- Kerzenmalmedium

SCHALE
- Holzschale, ø 15 cm
- Papiertaschentuch mit Rosen
- Acrylfarbe in Weiß und Rotviolett
- Serviettenkleber und -lack

VORLAGENBOGEN B

Vase

1 Die Vase in Elfenbein grundieren. Das Papiertaschentuch entsprechend der Seiten der Vase zuschneiden und mit Serviettenkleber auf dieser befestigen. Den verbleibenden Rand oben und unten rotviolett bemalen.

2 Die Modelliermasse 5 mm stark ausrollen, die Herzen gemäß Vorlage ausschneiden und in der Mikrowelle gemäß Herstellerangaben härten. Nach dem Auskühlen in Elfenbein bemalen und die Spiralen mit Windowcolor-Konturenfarbe aufmalen. Mit Sekundenkleber an der Vase befestigen. Anschließend die Vase mit Lack überziehen.

Kerze

1 Von der Serviette ein 8,5 cm breites und 23 cm langes Stück abschneiden.

2 Die Kerze mit Kerzenmalmedium einstreichen und die Serviette gemäß Abbildung darauf anbringen. Nochmals überstreichen.

3 Nach dem Trocknen mit Bast verzieren.

Schale

1 Die Innenseite der Schale in Weiß, die Außenseite und den oberen Rand in Rotviolett bemalen.

2 Das Rosenmotiv mit Serviettenkleber anbringen. Nach dem Trocknen lackieren.

Gartenschild

→ weist den Weg

MATERIAL

- Holzschild, 32 cm x 23,5 cm, mit Metallständer in Schwarz
- Holzbuchstaben, 4 cm hoch
- 2 Holzblumen, ca. 4 cm x 5 cm
- 1 Bogen Découpagepapier mit Rosen
- Acrylfarbe in Elfenbein, Olivgrün, Weinrot und Altrosa
- Lackstift in Weiß
- lufttrocknende Modelliermasse in Weiß
- Découpagekleber und -lack
- Bohrer, ø 3 mm
- Bast in Natur

1 Das Schild elfenbeinfarben, die Buchstaben grün bemalen. Nach dem Trocknen die Ranken mit Lackstift gemäß Abbildung aufmalen. Die Buchstaben ca. 4 cm vom oberen, 4,5 cm vom unteren und je 4 cm von den seitlichen Rändern entfernt aufkleben.

2 Die Motive ausschneiden und gemäß Abbildung anbringen. Für einige Motive eine Kugel aus Modelliermasse formen, flachdrücken und die Rosen darauf anbringen. Auf dem Schild mit Découpagekleber fixieren. Nach dem Trocknen alles lackieren.

3 Ca. 6,5 cm vom rechten Rand und 5 mm vom unteren Rand entfernt ein Loch (ø 3 mm) bohren. In eine Blume auf zwei gegenüberliegenden Seiten Löcher (ø 3 mm), in die andere Blume ein Loch bohren und mit 6 cm und 12 cm Bast aneinander hängen. Dann den Bast an das Schild binden.

Rosenkugeln

→ **Highlight für jedes Blumenbeet**

MATERIAL FÜR BEIDE KUGELN

- 1 Bogen Découpagepapier mit Rosen
- Acrylfarbe in Elfenbein, Weinrot und Rosa
- Découpagekleber und -lack
- lufttrocknende Modelliermasse in Weiß

FÜR DIE KLEINE KUGEL

- Kunststoffkugel, ø 12 cm (mit Aufsteckhülse)
- Chiffonband in Rosa, 7 cm breit, 1,20 m lang
- Chiffonband in Beige, 2,5 cm breit, 80 cm lang
- Bast in Natur, 50 cm lang
- 2 Acryltropfen in Rosa, ø 3,5 cm
- Rundholzstab, ø 7 mm, 53 cm lang

FÜR DIE GROSSE KUGEL

- Kunststoffkugel, ø 15 cm (mit Aufsteckhülse)
- Chiffonband in Weinrot, 7 cm breit, 90 cm lang
- Chiffonband in Beige, 2,5 cm breit, 80 cm lang
- Bast in Natur, 30 cm lang
- 2 Acryltropfen in Rot, 4 cm lang
- Rundholzstab, ø 1,3 cm, 65 cm lang

1 Die Kugeln in Elfenbein grundieren. Den Stab (ø 1,3 cm) in Weinrot, den Stab (ø 7 mm) in Rosa bemalen. Einige Rosen ausschneiden und auf die Kugeln kleben. Die Modelliermasse 2 mm stark ausrollen und einige Rosen mit Kleber darauf anbringen. Ausschneiden und mit Découpagekleber aufkleben, die Ränder gut andrücken.

2 Nach dem Trocknen alles lackieren. Die breiten Chiffonbänder zu einer Schleife legen und mit den schmaleren Chiffonbändern mittig zusammenbinden. Anschließend die schmalen Chiffonbänder um die Kugel binden und so die Schleifen befestigen. Die Acrylelemente an den Bast binden und diesen mittig um die Stäbe knoten.

Tablett und Vase

→ vornehm

MATERIAL TABLETT

- Tablett aus MDF mit barocken Verzierungen, ø 34 cm
- 1 Bogen Découpagepapier mit Engeln
- Acrylfarbe in Gold, Elfenbein und Ocker
- Découpagelack und -kleber
- Krakelierlack

VASE

- Vase aus Pappmaché mit Alueinsatz, ø 18 cm, 19 cm hoch
- 1 Bogen Découpagepapier mit rosa Blüten
- Tonpapierrest in Gold
- Acrylfarbe in Gold und Elfenbein
- Krakelierlack
- Découpagekleber und -lack
- Reliefschere

Tablett

1 Die Mitte des Tabletts in Gold grundieren und Krakelierlack darauf anbringen. Nachdem dieser getrocknet ist, mit Elfenbein überstreichen. Den Rand des Tabletts in Ocker grundieren. Nach dem Trocknen mit einem kleinen Schwamm etwas Elfenbein aufnehmen und auf die Verzierungen tupfen.

2 Die Engel und Blumen möglichst exakt ausschneiden und mit Découpagekleber auf der Mitte des Tabletts anbringen. Nach dem Trocknen das Tablett lackieren.

Vase

1 Das Découpagepapier in 3 cm x 3 cm große Stücke reißen. Die Vase in Elfenbein grundieren. Nach dem Trocknen die Papierstücke mit Découpagekleber auf der Vase anbringen und trocknen lassen.

2 Ein 7 cm x 8 cm großes Rechteck gemäß der Abbildung mit goldener Acrylfarbe aufmalen. Nach dem Trocknen mit Krakelierlack überstreichen. Ist dieser gut getrocknet, die Fläche in Elfenbein überstreichen.

3 Aus goldfarbenem Tonpapier einen 5 mm breiten Streifen (auf einer Seite mit der Reliefschere) zuschneiden und passend mit Découpagekleber um die Fläche herum anbringen. Einige Blüten nochmals ausschneiden und anbringen. Die Blütenstempel mit goldener Acrylfarbe übermalen. Die Vase lackieren und trocknen lassen.

Wildlife

→ für Afrika-Fans

MATERIAL TRUHE

- Holztruhe, 35 cm x 22 cm, 10,5 cm hoch
- Beize in Eiche hell
- 1 Bogen Découpagepaier mit Wildtieren
- 1 Bogen décopatch®-Papier mit Fellmotiv (für die Seitenränder)
- décopatch®-Kleber
- Découpagekleber und -lack
- Acrylfarbe in Elfenbein und Grün

KERZENHALTER

- je 1 Kerzenhalter aus Pappmaché, 5 cm x 5 cm, 6 cm, 9 cm, 12 cm und 15 cm hoch
- Acrylfarbe in Weiß
- 3 Bogen décopatch®-Papier mit verschiedenen Fellmotiven
- Papierdraht in Natur, ø 2 mm, 1,20 m lang
- 4 Holzperlen in Natur, ø 1 cm
- décopatch®-Kleber und -Lack
- 4 Teelichter

GIRAFFE

- Giraffe aus Pappmaché, 29 cm hoch
- 1 Bogen décopatch®-Papier mit Fellmuster
- décopatch®-Kleber und -Lack
- Acrylfarbe in Weiß

Truhe

1 Die Truhe mit der Beize streichen und trocknen lassen. Die Tiere und Pflanzen ausschneiden und mit Découpagekleber gemäß der Abbildung auf der Truhe

anbringen. Trocknen lassen. Um die Motive mit einem Schwamm etwas Grün und Elfenbein auftupfen.

2 Für die Seitenränder aus dem décopatch®-Papier 2 cm breite Streifen ausschneiden und mit décopatch®-Kleber um den Rand kleben. Ist alles getrocknet, die Truhe mit Découpagelack überziehen.

Kerzenhalter

1 Die Kerzenhalter weiß grundieren. Das Papier in 2 cm x 2 cm große Stücke reißen und die Kerzenhalter damit rundherum bekleben. Nach dem Trocknen lackieren.

2 Auf je 60 cm Papierdraht zwei Holzperlen ziehen, die Drahtenden verknoten und zweimal um die höheren Kerzenständer binden. Verknoten und die Enden zum Formen der Spiralen um einen Stift wickeln.

Giraffe

1 Die Giraffe mit weißer Acrylfarbe grundieren.

2 Das Papier in 2 cm x 2 cm große Stücke reißen und die Giraffe vollständig damit bekleben. Ist alles getrocknet, die Giraffe lackieren.

MATERIAL UNTERSETZER MIT BOX

- 6 Holzuntersetzer, ø 10 cm und Box, ca. 13,5 cm hoch
- 1 Bogen Décopatch®-Papier in Blau/Grün und mit Muster in Violett
- Serviette in Grün/Türkis und mit Wellen in Blau
- Acrylfarbe in Weiß, Hellblau und Türkis
- Modelliermasse in Weiß (Mikrowellenhärtung)
- décopatch®-Kleber und -Lack
- Serviettenkleber

TABLETT

- Holztablett, ø 20 cm, 10 cm hoch
- Acrylfarbe in Weiß, Hellgrün, Flieder und Türkis
- 1 Bogen décopatch®-Papier in Blau/Grün und mit Muster in Violett
- décopatch®-Kleber und -Lack

DOSE

- quadratische Spandose, 10 cm x 10 cm
- 1 Bogen décopatch®-Papier in Blau/Grün und mit Muster in Violett
- Serviette in Grün/Türkis und mit blauen Wellen
- lufttrocknende Modelliermasse in Weiß
- décopatch®-Kleber und -Lack
- Serviettenkleber
- Acrylfarbe in Weiß und Flieder

VORLAGENBOGEN B

Tisch-Accessoires

→ in frischem Blau/Grün

Untersetzer mit Box

1 Die Untersetzer und die Box in Weiß grundieren. Das décopatch®-Papier in 3 cm x 3 cm große Stücke reißen und beidseitig auf die Untersetzer kleben.

2 Den Fuß der Aufbewahrungsbox türkis, die Innenseite hellblau bemalen. Die Serviette grob zuschneiden und um die Box kleben, dabei die oberen Kanten mit bekleben. Nach dem Trocknen die überstehenden Ränder abschneiden.

3 Die Modelliermasse ca. 3 mm stark ausrollen, die Blumen gemäß Vorlage ausschneiden und in der Mikrowelle gemäß Herstellerangaben härten. Nach dem Auskühlen mit décopatch® -Papier umkleben und mit Alleskleber gemäß Abbildung auf der Box befestigen. Box und Untersetzer mit décopatch®-Lack überziehen.

Tablett

1 Das Tablett in Weiß grundieren und trocknen lassen. Aus dem Papier einige Muster ausschneiden, auf das Tablett legen und die Umrisse mit Bleistift nachzeichnen. Die Flächen, auf denen die Motive angebracht werden sollen, bleiben weiß, alle anderen Flächen werden in Türkis bemalt. Den Rand und die Unterseite des Tabletts in Flieder, den Fuß in Grün bemalen.

2 Die Motive mit décopatch®-Kleber anbringen. Nach dem Trocknen das Tablett mit Lack überziehen.

Dose

1 Die Dose weiß bemalen und trocknen lassen. Für das untere Teil das décopatch®-Papier in 3 cm x 3 cm große Stücke reißen und um die Seitenränder kleben. Nach dem Trocknen die überste-

WEITERFÜHRUNG

Tisch-Accessoires

henden Ränder abschneiden. Die Dose innen und den Boden der Dose in Flieder bemalen. Den Deckel mit der Serviette bekleben.

2 Eine Blume und eine Spirale aus dem décopatch®-Papier ausschneiden und auf 2 mm stark ausgewellte Modelliermasse kleben. Ausschneiden, décopatch®-Kleber auf den Deckel auftragen und die Motive befestigen. Die Ränder etwas nach unten drücken. Ist alles gut getrocknet, die Dose mit décopatch®-Lack überziehen.

Wanduhr

→ schön für die Küche

MATERIAL

- Uhrenset mit Uhrwerk und Ziffernblatt, 25 cm x 35 cm
- Serviette mit Espressomotiv
- Acrylfarbe in Weinrot, Elfenbein, Grau und Braun
- lufttrocknende Modelliermasse in Weiß
- Serviettenlack und -kleber

VORLAGENBOGEN B

1 Das Muster gemäß Vorlage und Abbildung auf die Uhr malen, die untere Hälfte, Seitenränder und Rückwand in Elfenbein malen und trocknen lassen.

2 Die Motive aus der Serviette ausschneiden und gemäß Abbildung mit Serviettenkleber auf der Uhr anbringen. Trocknen lassen. Die überstehenden Ränder auf der Seite und unten mit dem Cutter abschneiden.

3 Die Modelliermasse 3 mm stark ausrollen, Tasse und Würfelzucker nochmals ausschneiden und auf der Modelliermasse anbringen. Anschließend passgenau auf die schon angebrachten Motive kleben. Die Ränder nach unten gut andrücken.

4 Die Uhr lackieren. Die Ziffernblattfolie kurz in Wasser legen, abziehen und mittig über der Bohrung anbringen. Das Uhrwerk von der Rückseite einsetzen.

PRESSO

Im Blütenrausch

→ leuchtende Hortensien

MATERIAL LICHTERKETTE

- Lichterkette in Weiß mit 10 Birnchen
- 10 Lampenschirmchen 19 cm x 10 cm und 20 Befestigungsstöpsel
- 1 Bogen Découpagepapier mit Hortensien
- je 100 Glasschliffperlen in Rosa und Rot, ø 5 mm
- 100 Kettelstifte in Silber, 3 cm lang
- Découpagekleber und -lack

VASE

- Vase aus Pappmaché mit Alueinsatz, ø 13 cm, 22 cm hoch
- 1 Bogen Découpagepapier mit Hortensien
- Découpagekleber und -lack
- Acrylfarbe in Weiß

Lichterkette

1 Die Schirmchen mit Kleber einstreichen, das grob zugeschnittene Papier darauf anbringen. Nochmals Kleber darüber streichen. Nach dem Trocknen die Ränder so abschneiden, dass das Papier ca. 5 mm übersteht. Nochmals einstreichen, nach innen kleben. Nach dem Trocknen mit den Stöpseln befestigen.

2 Pro Schirmchen vier Kettelstifte mit je zwei Perlen und vier Stifte mit je drei Perlen bestücken. Mit dem Cutter in jede Rundung mittig ein Loch stechen, die Kettelstifte durchziehen und die Enden umbiegen. Abwechselnd zwei Kettelstifte mit je zwei Perlen und zwei Kettelstifte mit je drei Perlen befestigen.

Vase

Das Papier in 4 cm x 4 cm große Stücke reißen. Die Vase weiß grundieren, trocknen lassen. Mit Kleber einstreichen, die Papierstücke darauf anbringen und nochmals mit Kleber überstreichen. Nach dem Trocknen lackieren.

MATERIAL
- teilbare Kunststoffkugel, ø 15 cm und ø 16 cm
- je 1 Bogen Strohseide in Hellblau und Natur
- je 1 Bogen Découpagepapier mit Muscheln und mit Fischen
- Découpagelack und -kleber
- lufttrocknende Modelliermasse in Weiß
- 2 Lichterketten in Weiß mit 10 Birnchen
- Kordel in Natur

Leuchtkugeln

→ maritim

1 Unten aus dem Rand der Kugeln mit dem Cutter ein Stück herausschaben, so dass das Kabel der Lichterkette durchgeführt werden kann. Die Lichterkette in die Kugel geben. Die Strohseide in 3 cm x 3 cm große Stücke reißen, die Kugel mit Découpagekleber bestreichen, die Strohseide anbringen und nochmals überstreichen.

2 Muscheln und Fische ausschneiden. Die Modelliermasse 2 mm stark ausrollen, einige Motive darauf anbringen und ausschneiden. Mit Découpagekleber auf den Kugeln anbringen. Nach dem Trocknen alles mit Découpagelack überziehen. An der Kordel aufhängen.

MATERIAL DOSE

- ovale Dose aus Pappmaché, 13 cm x 18 cm
- je 1 Bogen décopatch®-Papier mit Rosen in Rot und in Creme mit Streublumen
- Modelliermasse in Weiß (Mikrowellenhärtung)
- décopatch®-Kleber und -Lack
- Acrylfarbe in Weiß

SPIEGEL

- Spiegel aus MDF, ø 33 cm
- 2 Bogen décopatch®-Papier in Lila mit Muster und Rosen
- Acrylfarbe in Weiß
- décopatch®-Kleber und -Lack

HAARBÜRSTE

- Holzhaarbürste, 22 cm lang
- 1 Bogen décopatch®-Papier in Elfenbein mit Streublumen
- décopatch®-Kleber und -Lack
- Satinband in Creme, 3 mm breit, 10 cm lang
- Modelliermasse in Weiß (Mikrowellenhärtung)
- Acrylfarbe in Weiß

VORLAGENBOGEN B

Schminkplatz

→ für die Dame

Dose

1 Die Dose in Weiß grundieren. Das décopatch®-Papier in 3 cm x 3 cm große Stücke reißen und mit décopatch®-Kleber gemäß Abbildung anbringen.

2 Für die Schleife die Modelliermasse 3 mm stark ausrollen und einen 2,5 cm breiten und 30 cm langen Streifen zuschneiden. Zur Schleife formen, so dass sie ca. 9 cm breit ist. Die Schleifenenden sind 5 cm und 6 cm lang. Die Enden gemäß Abbildung einschneiden, das untere „Band" etwas zusammendrücken und unter der Schleife mit Wasser befestigen. Die Mitte der Schleife formen und festdrücken. Die Modelliermasse in der Mikrowelle härten, die Herstellerangaben beachten.

3 Nach dem Auskühlen mit décopatch®-Papier bekleben und mit Sekundenkleber auf der Dose anbringen. Die Dose mit Lack überziehen.

Spiegel

Den Spiegel aus dem Rahmen nehmen, diesen weiß grundieren. Das Papier in 3 cm x 3 cm große Stücke reißen und auf den Rand kleben. Gut trocknen lassen. Mit Lack überziehen und nach dem Trocknen den Spiegel mit Holzleim hinter den Ausschnitt kleben.

Haarbürste

1 Die Holzbürste weiß grundieren. Papier in 2 cm x 2 cm große Stücke reißen und die Bürste damit umkleben, dabei die Ränder nicht vergessen. Am besten die Borsten zunächst herausnehmen und später mit Sekundenkleber wieder einkleben.

2 Die Modelliermasse 3 mm stark ausrollen und die Herzen gemäß Vorlage ausschneiden. Mit einem Schaschlikstäbchen ein Loch in die Herzen drücken. Dann gemäß Herstellerangaben in der Mikrowelle härten. Nach dem Auskühlen mit décopatch®-Papier bekleben. Die Herzen auf das Satinband ziehen und gemäß Abbildung an die Bürste knoten.

Nostalgisches Spielzeug

→ hübsch im Kinderzimmer

MATERIAL KOFFER

- Koffer aus Pappmaché, 25,5 cm x 19 cm
- 1 Bogen Découpagepapier mit nostalgischem Spielzeug
- Acrylfarbe in Elfenbein und Graublau
- Krakelierlack
- Découpagekleber und -lack
- Kreppband

DOSE

- Dose aus Pappmaché, ø 22 cm, 13 cm hoch
- 1 Bogen Découpagepapier mit nostalgischem Spielzeug
- Holzhalbkugel, ø 3,5 cm
- ovale Holzperle, 2,5 cm x 3,5 cm
- Acrylfarbe in Graublau, Elfenbein und Rot
- Krakelierlack
- Découpagekleber und -lack

Koffer

1 Den Deckel des Koffers in Graublau streichen, die Innen- und Außenseiten in Elfenbein. Die Motive gemäß Abbildung ausschneiden (für den Deckel einzeln, für die Seiten Streifen).

2 Auf dem Deckel mit Klebeband ringsum einen 2 cm breiten Streifen abkleben. Das verbleibende Rechteck in der Mitte mit Krakelierlack bestreichen und trocknen lassen. Anschließend mit Elfenbein übermalen, dabei nur eine Farbschicht auftragen und nur in eine Richtung arbeiten. Ist alles getrocknet, die Motive mit Découpagekleber anbringen. Zum Schluss lackieren.

Dose

1 Die Dose graublau streichen. Nach dem Trocknen den Deckel mit Krakelierlack einstreichen und trocknen lassen. Mit Elfenbein übermalen. Auf den unteren Rand der Dose gemäß Abbildung kleine Punkte auftupfen. Die Holzhalbkugel und die Perle gemäß Abbildung bemalen.

2 Die Spielzeugmotive ausschneiden. Den Deckel und den Rand des Deckels damit bekleben. Dann die Halbkugel und die Perle mit Holzleim auf die Mitte des Dosendeckels kleben. Anschließend alles mit Découpagelack überziehen.

Kugeldosen

→ bergen Schätze

MATERIAL

- je 1 Kugeldose aus Pappmaché, ø 11 cm und 14,5 cm
- 2 Bogen décopatch®-Papier mit Muster in Gold/Blau
- Acrylfarbe in Weiß, Hellblau und Gold
- Modelliermasse in Weiß (Mikrowellenhärtung)
- décopatch®-Kleber und -Lack

1 Die Dosen innen hellblau, außen weiß bemalen. Das Papier in 2 cm x 2 cm große Stücke reißen und die Außenseite der Dose damit bekleben. Den Knopf auf dem Deckel gold bemalen.

2 Die Modelliermasse 2 mm stark ausrollen. Für die kleine Dose 12 Quadrate (5 mm x 5 mm) ausschneiden und acht Kugeln (ø 5 mm) formen. Für die große Dose 13 Quadrate und 13 Kugeln von der gleichen Größe herstellen. In der Mikrowelle gemäß Herstellerangaben härten. Nach dem Auskühlen gold bemalen und gemäß Abbildung in gleichmäßigen Abständen mit Sekundenkleber auf der Dose anbringen. Anschließend die Dosen mit Lack überziehen.

Grüße aus Fernost

→ asiatisches Ensemble

MATERIAL

SCHALE

- Schale aus MDF, ø 15 cm
- 1 Bogen Découpage-Papier mit Bambus
- 1 Bogen décopatch®-Papier mit Bambusstängeln (für den äußeren Rand der Schale)
- Acrylfarbe in Olivgrün und Elfenbein
- Découpagekleber und -lack
- décopatch®-Kleber

BAMBUSTOPF

- Übertopf aus Holz, 13 cm x 13 cm, 20,5 cm hoch
- 1 Bogen Découpagepapier mit Bambusmotiv
- Acrylfarbe in Elfenbein und Olivgrün
- lufttrocknende Modelliermasse in Weiß
- Découpagekleber und -lack

Abbildung Seite 48

Schale

1 Die Schale innen und außen in Elfenbein, den oberen Rand grün bemalen. Innen mit einem Schwamm grüne Farbe gemäß Abbildung auftupfen.

2 Für den Rand das décopatch®-Papier in 3 cm x 3 cm große Stücke reißen und mit Kleber anbringen. Das Motiv für die Mitte aus dem Découpagepapier ausschneiden und mit Découpagekleber anbringen. Nach dem Trocknen alles mit Découpagelack überziehen.

Bambustopf

1 Die Vase außen und innen mit Elfenbein grundieren. Die untere Hälfte der Vase mit Elfenbein, in das etwas Grün gemischt wurde, bemalen. Oben an der Vase 2 cm vom Rand entfernt einen 1 cm breiten, grünen Streifen malen.

2 Die Motive aus Découpagepapier ausschneiden und auf der Vase anbringen. Einige Blätter auf 2 mm stark ausgewellter Modelliermasse anbringen und ausschneiden. Dann auf dem Grundmotiv an entsprechender Stelle anbringen.

3 Um die Motive herum Olivgrün mit dem Schwamm auftupfen. Zur Gestaltung des Randes die Modelliermasse 3 mm stark ausrollen und 20 Quadrate (1 cm x 1 cm) ausschneiden. Nach dem Trocknen mit Olivgrün getöntem Elfenbein bemalen, dann mit Serviettenkleber auf der Vase befestigen. Alles mit Découpagelack überziehen.

Grüße aus Fernost

Beschreibung auf Seite 47

DIESES BUCH ENTHÄLT 1 VORLAGENBOGEN

IMPRESSUM

FOTOS: frechverlag GmbH, 70499 Stuttgart; Fotostudio Ullrich & Co., Renningen
DRUCK: frechdruck GmbH, 70499 Stuttgart

Auflage:	5.	4.	3.	2.	1.	
Jahr:	2011	2010	2009	2008	2007	[Letzte Zahlen maßgebend]

ISBN 978-3-7724-3614-7
Best.-Nr. 3614